모아드림 기획시선 101

섬다워진다는 것

〈깨어있음의 시〉 동인 시집

하늘길 바닷길 모두 끊겨
섬 아닌 모든 것들이 이미 섬을 비우고
섬 아닌 것들이 섬으로 올 수 없을 때
모름지기 섬은 섬다워진다는 걸
뭍엣것들은 모를 것이다
섬의 숨통 곶자왈이
포크레인의 삽날에 잘려나가고
섬의 젖줄이 수백 수천의 빨대로 빨려나갈 때
섬은 숨이 가쁘고 목이 메었던 것인데
그때마다 설문대할망은
소울음소리로 울고 울었던 것인데

(중략)

비록 섬에 있더라도 섬 아닌 것들은
정말 모를 것이다

모아드림

섬다워진다는 것

모아드림 기획시선 101

섬다워진다는 것

깨어있음의 시 동인 시집

모아드림

■ 서문

우리 동인들은 일 년에 한 번씩 동인지를 내왔다. 이번 호에 이르러 바다를 건너 처음 나들이에 나섰다. 우리에게 비바람이 몰아칠지 훈풍이 불어올지는 알 수 없지만, 한 가지는 분명하다.

이제는 중앙과 변방이라는 지리적 이격離隔이 문제가 아니라 누구와 만나든 내면적 소통이 중요하다는 것. 하물며 인터넷이면 못 갈 곳이 없고 못 만날 사람이 없는 시대임에랴….

십여 년 전의 동인 결성 취지문을 다시 꺼내어 읽어본다. '시의 부흥운동' 까지는 아니어도 '세련성과 도덕성의 범위 안에서 폐쇄적이지 않고자' 애써온 점은 여전히 역력하다고 나름대로 자평해 본다.

오히려 넘쳐나서 무언가 부족한 시대에 우리는 아직도 목마른 영혼을 위무하는 모성의 언어를 꿈꾼다. 〈모아드림〉과의 새로운 만남을 통해서 그 꿈에 조금씩 다가서길 바라며.

〈깨어있음의 시〉 동인

차 례

김석교

김수열

나기철

문무병

문영종

■ 해설

김광렬

1954년생. 1988년 『창작과비평』으로 등단.
시집 『가을의 시』, 『희미한 등불만 있으면 좋으리』,
『풀잎들의 부리』 등.
kkl210@hanmail.net

저 갯벌 속 뿌리가 궁금하다

저 갯벌 속 뿌리가 궁금하다
뿌리도 몸처럼
불어오는 바람에 정처 없이 흔들리는지
발을 내리고
아뜩한 삶을 느끼고 싶다
허우적거리는 것은 갈대만이 아니다
나도 하루에도 열 번 스무 번
흔들리고 또 흔들린다
단단한 지층으로
자꾸 뿌리를 내려 보지만
으스러져라 세상을 거머쥐어 보기도 하지만
이제 견고해졌다고 생각할 때
나는 다시 흔들린다
저 갯벌 속 뿌리가 궁금하다
저도 제 몸처럼 나처럼 흔들리는지
수렁 같은 갯벌 속 발 디디고서
뿌리는 얼마나 든든한지 캄캄한지

백련잎차

새부리처럼 찻잔을 한 잎 섬뻑 베어 물고
내려놓다 잠시 멈추는 사이
우주는 둥글어지고
머리는 보다 부드럽고 맑아져서
생각의 꽃잎들이
무수히 허공에 피어난다

이 차는 담배 때문에 늘 목이 매캐한
나를 위해
나무물꼬기* 여주인이
아내를 통해 보내온 것

깊은 밤 흰 연꽃잎차를 물에 띄우니
바싹 움추렸던 빼빼마른 마음이
둥글게 퍼져나간다

* '나무물꼬기' 는 시詩를 아는 전통찻집 상호로 아내가 곧잘 찾는 곳임

용눈이오름에서

나는 그때 그저
막연한 생각을 궁굴렸던 것 같다

밟는 것이 미안해서
밟지 않고서는 가까이 갈 수 없어서
내 마음 밟듯 밟으며 갔던 것인데

능선과 능선을 덮어가며 붉게 물들던
꽃향유 참 고와

내년 이맘때쯤 오면
다시 볼 수 있으리라 여겼던 것이

이맘때쯤이라고 생각했던
그때가 바로 오늘

가슴 설레며 용눈이오름엘 갔던 것인데
그 어디에도

꽃향유 고운 자태는 보이지 않았다

얼마나 마음 서운한 일인가

그 막연한 생각 때문에
그 막연한 생각 때문에

발가락뼈

망자의 발을 만진다 노새처럼 지친 길 걸어온 사람이다 여윈 살가죽 뚫고 발가락뼈가 삐죽이 솟아날 것만 같다 지워진 내 삶을 돌려달라며 힘껏 발길질 할 것 같다

색 바랜 작업복을 입고 발목에 각반 찬 흑백사진을 본 적이 있다 우습게도 그저 덤덤한 표정을 짓고 있다 왜 나는 그런 사진은 으레 고통으로 일그러진 모습을 하고 있어야 한다는 고정관념에 사로잡혀 있는 것일까?

한때 곡괭이로 제 가슴을 찍어내던 사람이다 일제 노역장에서 불경도 성경도 한번 읽어보지 못한 서러운 사람이다

발이 차다 저 느릅나무 아래로 낙엽 지듯 한 사람의 생애가 이렇게 저문다 마음은 늘 싱그러운 죽순이고 싶었겠지, 제 살가죽 찢으며 발가락뼈는 허공에 아픈 생애를 쑤셔 박고 나는 한동안 멈칫거리며 발 언저리를 떠나지 못한다 이 지상에서 가장 시렸던 사람의 발이다

추사 적거지에서

처마 밑에 큰 바윗돌을 준비해야 하네
꽃잎 지듯
낙숫물 떨어지는 소리를 기다려야 하네
날이 흐리고 드디어 비는 오고
낙숫물 떨어지네
한 점 한 점 바윗돌을 토닥이네
바윗돌 끝과 끝
열리기를 기다려야 하네
찰나와 찰나가 호흡을 가다듬어
영원에 닿는 도도한 물줄기
등 꼿꼿 곧추 세운 추사秋史가 십 년 세월
살을 발라 뼈를 세우듯
기다리는 아름다움
지긋한 붓끝 힘이
기어코는 바윗돌을 뚫고 말아야 하네

봄

빼 같은 새순 하나

허공에 손가락 박으며 돋아난다

온갖 아픔을 이겨낸 자의 몸짓이다

석가가 허공에 꽃을 쳐든다

가섭이 빙그레 미소 짓는다

봄이다

비와 나무이파리 사이

언젠가 연필심에 침 잔뜩 발라 종이 꾹꾹 눌러가며 글 쓰던 일 있듯

소나기도 그렇게 퍼붓는다

나무이파리 앞뒷면 뺑뺑 뚫려 생살 찢는 아픔 견디기 어렵겠다

화살처럼 내리꽂히는 비를 바라보면서 나는

거 비 한번 시원하게 퍼붓는구나, 생각하며 쾌감에 젖고

나무이파리 바라보면서 나는

나무이파리여 너 참 지독하게 아프겠구나, 연민의 정을 이겨내지 못하고

비와 나무이파리 사이

시계추처럼 흔들리는 生이 있다

목탁소리

이번 공연은 법능 스님이 노래를 부르는 공연이었다. 앨범도 4집이나 낸 스님이었다. 악기는 대금 해금 아쟁 피리 가야금 그리고, 통기타와 베이스 기타도 있었다. 통기타와 베이스기타는 좀 튀었다.

법능 스님이 통기타를 치면서 노래하는 곡도 있었다. 솔직히 스님이 산사에 있으면서 기타를 들고 작곡하고 노래하는 모습을 상상하면 왠지 모르게 웃음이 났다. 그러나 한편 산사의 적막을 깨고 울리는 기타소리가 그런대로 괜찮을 것 같다는 생각이 들기도 했다. 나무아미타불(목탁)소리만 있으면 너무 심심하지 않을까 하는 생각이 든다.*

기타 들고 산사로 간 스님은
기어이 아들의 적막을 흔들어 깨우고
나도 자르르 박속같은 웃음을 밀어내고 마네
기타소리가 목탁소리네
산사소리 세속소리 따로 없네
형식이 목탁을 두드리고 기타를 켜네

쇄쇄 흐르는 바람소리도 물소리도
사실은 다 목탁소리네
내가 갈그랑갈그랑 내쉬는
검고 혼탁한 숨소리까지도?

* 어느 날 우연히 발견한, 아들이 쓴 법능 스님의 노래 공연 감상문 일부를 발췌했음

도굴꾼

— 용암동굴에서

도굴꾼이 보물처럼 숨겨간 것은 형상석이 아니다

한 조각 껍데기다

지금쯤 은밀한 곳에서 회심의 미소를 지으며 사뭇 즐거워하고 있을

그 도굴꾼이

나에겐 물속에 비친 일그러진 괴물 같다

거울에 얼굴을 비춰도

자기 모습을 볼 줄 모르는 도굴꾼

밥을 위하여 제 영혼을 팔아버린 사람이다

나도 혹, 그와 같은 사람은 아닐까 자못 걱정되어서 온몸이 아파온다

빈 둥지를 바라보며

비우는 것이 채우는 것임을 안다

날갯짓 연습시키던
어린 새들 날려 보내고
어미 새, 저마저도 둥지를 떠나자

거기 새알 같은 허공이 내려앉는다
한 세상 빚어내다
그도 떠나고 나면
또 다른 허공이 따뜻한 깃을 내리겠지

내가 섰던 이 자리도
다른 누군가가 와
가슴 둥그렇게 모으고

또한 빈자리를 채울 것이다

김석교

1958년생. 1995년 『월간문학』으로 등단.
시집 『넋 달래려다 그대는 넋 놓고』.
kimtjrry@naver.com

반가운 독감

타고난 강골은 아니지만
가을이면 한번씩 통과하던 독감이
요 몇 해 찾아오지 않는다
가끔씩 새벽녘에 으슬거리는 녀석
그러나 빠져 나가는 요령도
어느덧 몸에 뱄지

몸이 편해지자 딴 생각이 난다
밥시에 밥 생각
술시에 술 생각은
나나 남이나 당연한 것이지만
세월을 헤아려보는 횟수가 늘면서

낭만이 뭔지 예술이 뭔지
사랑이 뭔지 인생이 뭔지
예전엔 꼴도 안 보이던 생각들이
줄줄이 꼬리를 문다

갈 길 잃고 헤맨 지 석삼년에
이제 다른 길도 보이려나 보다
너무 튼튼해서 무식했던
내 생각이 드디어
독감에 걸리려나 보다

만리장성

팔달령 만리장성 꼭대기
발 디딜 틈 없는 사람 사이에서
늙은 사내가 울고 있다

저 산맥 너머에
누가 있을까
오늘은 날던 새도 안 보인다

한 계단 한 계단
목숨으로 빚어진 성루를 밟고
아내 잃은 사내는
독한 이과두주를 병나발 분다

서러운 병사의 아내가 남긴
장성의 전설에
목 놓는 서러운 늙은이여
홀로 빛나는 은빛 머리칼에
천천히 내려앉는 죽음이여

出入口

— 나는 한 권의 책을 책꽂이에서 뽑아 읽었다. 그리고 그 책을 꽂아 놓았다. 그러나 이미 나는 이전의 내가 아니었다 (앙드레 지드)

북경 어딜 가나
입구마다 문 대신 비닐커튼
어느 시장 입구에는
이마에 出 · 入 · 口
글씨가 대문짝만하다

저 커다란 상품더미 속으로
들어갔다 나오면
나는 이전의 내가 아닐까?

자본주의 입 속으로 얼굴 없이 들어가는 사람들
사회주의 입 속으로 얼굴 없이 나오는 사람들

얼굴에는 물음표도
느낌표도 없이
텅, 비어 있다

스프링호텔 근처

북경 외곽 스프링호텔
나비 모양 가로등 조형이
불빛 아래 노랗다

자욱한 안개처럼
온종일 거리를 뒤덮는 먼지
오염된 먼지바람 속
소녀 같은 엄마가
젖을 드러내 아이에게 물리고 있다

한참을 걷다
길가의 그 엄마 생각나 돌아가 보니
노동자처럼 씩씩하게
스테인리스 창틀을 만들고 있다

가랑이 터진 내복의 아이
길 건너 편
호화 아파트 입구에는
두 경비병의 눈길이 사냥개 같다

동대문 쯤

2월, 아직 녹지 않은 눈 질퍽질퍽
사람들 발자국과 몸 섞고 있을 때

눈길에서는
아프리카, 아프로아메리칸
혹 동남아 사람들
술에 취했는지
눈길에 미끄러지고

내가 잔 방 밖으로
뚱뚱한 검은 여자들
머리에 터번 두르고
60년대 그때처럼 헐벗은 채

러시아 남자 겨드랑이에는
달랑 매달린
술 취한 한국 여자

잘 곳 못 찾아 밤새 전전하는
동대문 어디 쯤

해녀의 죽음

우도의 칠십대 해녀 할머니
어제 바다에서 생을 마감했다고
조간신문에 짤막히 한 줄
신문지가 갑자기 망망대해 같다

열 살 무렵 물에 들어
일생을 숨비질하던 바다
할머니, ㄱ자로 허리접은 채
껴안고 놓지 않는다

산다는 게 하루하루 저승이었으리
물에서 나고 물에서 숨 놓으니
거친 바다도 이제는 극락이라

태어나서 처음으로 편안해진 할머니
수경水鏡 낀 얼굴에는
물거품 같은 미소도 떠올랐으리

달빛 바다

달과 지구의
애틋한 그리움으로
파도는 인다

잠들지 못하고
이 밤 누군가
잠든 나를 깨운다

피 토하는 인광燐光으로
너의 그리움을 살해하며
온 대양이
일렁이는 것도

한 사내가 밤새
바닷가의 달빛에 젖는 것도

닿을 곳을 찾지 못하고
되돌아오는
그리움 때문이리

꽃노래

봄이 오면 윙윙윙
한 마리 벌로 날아
가장 먼저 핀 그대에게
떨리는 손으로 경배 드리고
석 달 열흘씩 두 계절만
밀린 잠 자고 싶네

하늘시계가 가리키는
봄날 아침부터
가을날 오후까지
집 나서 길 떠난 그대를
하루인 듯 기다려 볼까

발길 머무는 곳마다
여울물에 실어 보낸
사랑의 말은
어디로 흘러갔는지
세상은 날로 아득해져

길 잃고 우는 그대
낯선 땅 어디쯤 서 있을까
봄이 오면 팔랑팔랑
한 마리 나비가 되어
가장 늦게 핀
그대를 찾아
달팽이집 나서 볼까

5월 어느 날

은행나무 잎새를 파랗게 건드리며
비를 감춘 한 줄기 바람이 지나간다
한때 내게는 자유였고 고통이었던 바람
지나가면서 묻는다
왜 사느냐고

왜 사는지 몰라 하릴없이 산에 오른다
진달래 밭을 지나온 바람은
거기서도 나를 기다린 듯
다시 묻는다
왜 사느냐고

왜 사는지 그래도 알 수 없어
산을 내려와 바닷가로 간다
해무 덮여 보이지 않는 수평선을 향해
소리쳐 나를 물어볼 때
바람은 사방팔방에서
사정없이 나를 때린다

한때 꿈이었고 절망이었던 바람은
더 이상 바람이 아니었다
어느새 나의 일부였다
영혼에 뿌리를 내리고
내가 나를 때리고 있었다

5월 어느 날 은행나무 잎새들은
내가 흔드는 대로 푸르게 흔들리고
나도 더욱 흔들릴 것이다

가을 시화전

밤이 이울자 회담벽의 붉은 담쟁이가 달을 쳐다본다
오늘은 푸른 치아를 드러내며 바람이 내게 말을 건다

대답 대신 풀벌레가 신발을 벗고
잔디밭에 엎드려 속삭이듯 흐느낀다

아직도 철들지 않은 여치 한 마리
연초록 속날개가 한복처럼 달빛에 눈부시다

아스팔트는 체온이 식어 은빛으로 빛나고
한낮의 정구공 소리가 들리는 듯한 교정

까르륵 웃음 짓는 여학생들의 살굿빛 잇몸
옥수수 같은 치열 끝에 젖은 바다가 걸린다

그 사람은 어디 있을까
철로도 없는데
불을 끈 기차가 시간 속을 달리고 있다

김수열

1959년생. 1982년 『실천문학』으로 등단.
시집 『어디에 선들 어떠랴』, 『신호등 쓰러진 길 위에서』,
『바람의 목례』. 산문집 『김수열의 책읽기』,
『섯마파람 부는 날이면』 등.
ksy910@hanmail.net

고등어를 굽다가

등 푸른 고등어 한 손 사다
절반은 구이용으로 패싸고
나머지는 조림용으로 토막 내고

불판에 올려 고등어를 굽는다
적당히 달구어 뒤집어야
유연한 몸매 그대로 살아
푸른 물결 찰랑이는데
대책 없는 서툰바치
뒤집을 때마다 몸통 갈라지고
머리통 떨어져 나간다
陵遲處斬이다

사람을 만나는 일
더도 말고 덜도 말고 생선 굽듯 하라는데
나는 얼마나 많은 사람을 망가뜨리면서
여기까지 왔을까
또 얼마나 많은 사람을 무너뜨리면서
남은 길을 가야하는가

달과 박

— 강요배의 그림 〈달과 박〉을 훔치다

달 보당 박 보난
박인가? 달인게

박 보단 달 보난
달인가? 박인게

박은
술술술술
달은
홍홍홍홍

메시께라
메시께라

꿈

옷 벗은
산벚나무
가지 끝

목마른
이파리
하나

된바람에
파르르
떨고 있는데

남쪽 하늘
별빛

아직도
멀다

내리사랑

오랜만에 겸상을 한다

쉰 안 된 나이
돋보기 벗으니
어미의 잔주름
안 보이는데

여든 다 된 나이
돋보기 없어도
새끼의 새치
잘도 잘 센다

어미는 빈 젓가락 들고
요것도 먹어보라
요것도 먹어보라, 하는데
새끼는 손사래 치면서
됐수다
됐수다, 만하고

시를 쓴다는 일

이름만 대면 다 아는
선배(아니, 선생뻘 되는) 시인과
우연히 통화하다 한 말씀 듣는다

많이 써
되든 안 되든 많이 써
요즘 시인들 너무 안 써
쥐어짠다고 시가 되나
쓰다가 안 되면
그것도 시야

어찌 들으면 약 올리는 것도 같고
어찌 생각하면 한없이 깊어 뵈고
'그것도 시야' 다음에
물음표가 올 것도 같고
느낌표가 올 것도 같고

추적추적 겨울비 내리는 날

시험감독을 하는데 아무렇지도 않게
답안을 써내려가는 아이들 훔쳐보다가
나도 이렇게, 남은 문제지 여백에
되지도 않는 시를 써보는데

그 아이가 한없이 부럽기도 하고
내가 정말 한심스럽기도 하고

술病

며칠 전부터 오른쪽 팔꿈치가 시큰거린다고
엄살을 부렸더니 아내는 찬그릇 툭 내려놓으며
술病! 하고 바람소리 나게 돌아선다

밥상을 마주하고 앉아 두어 술 뜨다가
부아가 치밀어 올라 밥숟갈 거칠게 내려놓고
베란다로 나가 담배 물고 길게 한숨 내쉰다

담뱃불 끄면서 휘영청 달을 본다
아무래도 아내의 진단이 맞은 것 같다

모를 것이다

하늘길 바닷길 모두 끊겨
섬 아닌 모든 것들이 이미 섬을 비우고
섬 아닌 것들이 섬으로 올 수 없을 때
모름지기 섬은 섬다워진다는 걸
뭍엣것들은 모를 것이다
섬의 숨통 곶자왈이
포크레인의 삽날에 잘려나가고
섬의 젖줄이 수백 수천의 빨대로 빨려나갈 때
섬은 숨이 가쁘고 목이 메었던 것인데
그때마다 설문대할망은
소울음소리로 울고 울었던 것인데

그 비새같은 울음이
비를 만들고 바람을 만들어
한바탕 난리굿을 친다는 걸
섬에 살지 않는 사람은 모를 것이다
이대로 가다가는
섬도 없고 삶도 없다며

댓잎 시퍼런 감상기 흔들어대면서
팔짝팔짝 들락키고 있다는 걸
뭍엣것들은 모를 것이다

비록 섬에 있더라도 섬 아닌 것들은
정말 모를 것이다

잔칫날

— 1950년 북촌

키 작은 먹구슬나무
똥돼지 멱따는 소리 매달리고
조짚불에 털 타는 냄새 문지방을 넘을 즈음
두건 쓰고 상복 입은 아이들은, 일년 전
에미 애비가 썩은 젓갈처럼 문드러진 학교 운동장에서
돼지오줌보에 바람 담은 축구공을 머리로 받고
고무신으로 걷어차며 우르르 몰려다니고 있다
씨멸족한 집안의 아이들이야 상복은커녕
남들 다 쓰는 두건 한번 써보지 못하고 기가 푹 꺾인 채
운동장 구석에 쪼그리고 앉아 마른 눈물만 닦고 있지만
오늘은 우리 동네 잔칫날
곱디고운 이밥에 비갈비갈한 돼지고기 양껏 먹는 날
어디 우리만의 잔칫날인가, 일년 전
밭담이며 고샅길에 널브러진, 채 식지 않은 것들의
눈깔이며 살점 원없이 뜯어먹은 바람까마귀들이

그날처럼 싸락눈 참문 후려치는 밤
초가 위로 던져올린 퇴주그릇 저승밥을
이 집 저 집 찾아다니며 마음껏 먹는,
오늘은 잔칫날
섣달 열여드렛 날

천년의 사랑

— 홍진철과 이일선의 혼례에 부쳐

천년은 좋이 지났지 아마
배냇저고리도 입기 전이었을 거야
한몸이었을 거야
내가 나무일 때
너는 물이고 흙이고 바람이었을 거야
네가 나비일 때
나는 분명 한 떨기 꽃이었을 거야

천년을 살아오면서
토라졌다가 은근슬쩍 뒤엉키고
한시도 못 보면 죽어질 것 같다가
때로는 닭광 주냉이가 되기도 하고
그러다가도 언제 그랬냐는 듯이
질펀하게 하나가 되어 천년을 살아오면서

앞으로도 천년을 살 거야
미운 정으로 오백 년
고운 정으로 오백 년

그렇게 살다 보면 천년은 좋이 갈 거야
삼단 같은 머리가 파뿌리 되고
걷지도 못하고 보지도 못하면
서로가 서로에게
지팡이도 되고 돋보기도 되면서
천년은 더 살 거야
꼭 그렇게 살 거야 아마

온몸을 살라 빛을 밝히는 사람

— 통일운동가 고성화 선생님께 바치는 獻詩

길 아닌 길에서
몸소 길이 되는 사람이 있다
그 길을 걸으면서 함부로
발자국을 남기지 않는 사람이 있다
오래도록 걸어 왔는데
아직도 한없는 길을 걸어가는 사람이 있다
길 없는 막다른 길에서
제 한 몸 뉘여 마침내 길이 되어버린 사람이 있다

길이 되어 길섶에
어린 들꽃들을 키우는 사람이 있다
들꽃을 키우다 결국
제 몸 하나 들꽃에게 내주는 사람이 있다
바닷가에서는 갯쑥부쟁이가 되고
산자락에서는 너도바람꽃이 되고
겨울 한라에서는 붉은 동백으로 피었다가
새봄 백두에서는 연분홍 진달래로 되살아나는
들꽃보다 먼저 꽃이 되어버린 사람이 있다

꽃으로 피었다가 사위에 어둠이 내리면
스스럼없이 반딧불이가 되는 사람이 있다
반딧불이가 되어
산을 넘고 바다를 건너
이 땅의 모든 쇠붙이들 위로 날아올라
백두대간의 반딧불이를 한데 그러모으는 사람이 있다
하여 백두대간을 환하게 밝히는 사람이 있다
세상은 비록 칠흑어둠일지라도
결고 어둠에 굴하지 않고 한 줄기 빛이 되어버린 사람이 있다

세월이 가면 갈수록
어둠이 짙어 가면 짙어 갈수록
심지가 되고 불씨가 되는 사람
온몸을 살라 빛을 밝히는 사람
그런 사람이 지금 여기 계시다
그가 바로 고성화 선생님이시다

나기철

1953년생. 1987년 『시문학』으로 등단.
시집 『섬들의 오랜 꿈』, 『남양여인숙』,
『뭉게구름을 뭉개고』 등.
nagc0914@paran.com

썰물

영화 '사운드 오브 뮤직' 의
젊은 수녀같이
눈 크고 발랄한
서른 세 살의
옆옆 자리 올리바 수녀가
'도움이신 마리아딸 수도회의 회헌과 회칙' 의
몇 구절을 옮겨 적는다

덩치는 크지만
소음인인 그녀,
이즈음 몸이 안 좋더니
오랜만에 활짝 웃는다
까만 스웨터를 걸쳤다
등 뒤엔
사순절 햇살

나도 이렇게
'자기 규칙서' 가 있어야 겠다

내 안에 언제나
그득한
썰물

어항

거실에 놔 둔 동그란 어항
물고기 두 마리 중 한 마리 살아
사 년을 혼자 지냈다
고기밥 매일 주고
물 며칠에 한 번 갈아 주었는데
한 며칠 잊어버린 후
고기 물 위에 떴다
차마 버리지 못해
손수 아내가 화단에 묻어 주었다

잊고 있었는데
그 후 일 년 지난 어느 날
한 구석에 놓여있는
무색투명한 어항 보았다
그 자리 갖다 놓았다
있던 고기는 어딘가 사라지고
동그란 유리만

나를 키워주시는 하느님,
어느 날 내게 일용할 양식 주시는 것
잊으시면
내 목숨 그냥 멈추리
그러면 누가 나를 갖다 묻을까
나 없는 집을 어디다 갖다 놓으실까
사람 없는 지구를
어디다 세워두고 보실까

이발사 고씨

'46년간의 이용 경력으로
정성껏 커트해 드립니다'
동인 사우나 안 이발소는
금년 육십일 세의 아저씨가 혼자
넥타이를 단정히 매고
손님을 맞는다
열다섯부터 이발을 배우고
스무 살 때 면허증을 얻었지만
나이가 너무 어려
서울로 올라가 왕십리에서
좋은 주인을 만나 정식으로 배웠다
이발을 안 한 때는
다른 일에 기웃거린 5년 뿐
친구들은 정년퇴직을 했거나
정년을 앞 둔 나이
본인은 정년이 없다
칠십 세가 넘은 것 같으면
경로 우대로 이천 원을 깎아 드린다

자식들도 다 출가 시키고
이발사 고씨는
오늘도 단정히 넥타이를 매고
40년 똑 같은 얼굴로 손님을 맞는다
그의 등이 약간 구부정하다

가을에 낙엽이 어떻게 지고

TV에서,
탤런트 김자옥이
시종 웃음,
입은 계속 벌어지고.
늙지 않는 비결을 물으니,
"머리 속에
주택부금, 저축, 공과금,
아이들 대학문제 같은 게
들어차야 하는데,
가을에 낙엽이 어떻게 지고
겨울이 되어 눈이 내리니…
하는 생각으로
가득 차 있어서…"

나도 그런 생각은
아내에게 맡기고
오늘은 학교가 끝나면
어디로 갈까,

걸어갈까,
콜택시를 탈까,
누구를 만날까,
무슨 영화를 하고 있을까,
그 다리 아래 물빛은 어떤 색일까,
그미에게 전화를 걸까,
그런가?

그 여자 · 2

육지서 온
그 여자,
대학 때 다리 다쳐
여러 번 수술해
목발 짚고 다니는
그 형에게 와
딸 둘 낳고
이십 년
변두리 작은 미용실
그 자리
아침부터
저녁까지
고운 그 여자
바람 불고
냇물 흐르고
낙엽 지고
어느 날
문득 보니

그 자리
안경을 걸쳤다
다시
해 뜨고
구름 흐르고
꽃 피고
그 여자,

인사

요즘 한 이 년 아프지도 않고 수업도 잘 되어, 학생들
참 고분고분하다.
어디서 만나도 얌전히 고개 숙이고 인사하고 지나간다.

오늘 저녁 음악회 보고 버스 정류소로 걸어가는데 한
떼의 졸업생인 듯한
처녀애들 인사, 지나자마자 까르르 웃는다.

서점에 와 시집 코너 앞에 와 앉으나 계속 가슴 저린다.

산천어

이 산천 저 산천
고기떼 한창이다

강원도 어디
시끌시끌한 빙판
여기 저기 뚫린 구멍 안
낚싯대 넣자
산천어 곧 올라온다
사내 기뻐 웃는다

한 구석 풀장 같은 데서는
맨몸으로 뛰어들어
산천어 잡는 행사다
한 마리 두 마리 손에 쥐고
주머니에 넣는다
먼 곳에서 온 관광객들 즐겁다

이 산천 저 산천
고기떼 꽃 피었다

성읍과 표선 사이 가로수를 기림

표선리 대우반점 자장면이
먹고 싶어
이 년만인가
갔는데
춘장에 물이 많아
그저 그렇다

제주시 구 영동병원 앞에서
한참 기다려
동부산업도로 행 버스를 타고
봉개, 선흘 지난 후

성읍민속촌에서
표선까지
길가 나무들!

아직 아무도
이름 붙이지 않았다

'표선숲터널'

허탕치고 가는 내게
무수히 두 손
머리 위에 올려놓는

도서관에서 만난 여자

집에 가려고
참고 열람실에서
일어나
개가 열람실을 지나는데
안에 서 있는
한 여자!

다시 보려고
다가가니
자동문이 닫혔다

두드렸으나
열리지 않았다

문무병

1950년생. 1990년 『문학과비평』으로 등단.
시집 『엉겅퀴꽃』, 『날랑 죽건 닥밭에 묻엉』 등.
m5056@chollian.net

꽃이 된 사람, 다시 내게 오다

내가
그녀를 만났을 땐
난, 겨울 하늬바람과 눈물로 범벅이 된
초췌한 50대 중반의
음유시인이었을까.
35년 전, 해마다 찾아오는 악극단
약장사를 따라가 배우가 되겠다던
20살짜리 새끼광대였을까.
그날, 문학의 밤에
"내 죽어 닥나무 밭에 묻히겠다." 던 나는
1901년 신축년辛丑年 난리의 장두 이재수가 아니었고,
낙엽이 지는 늦가을의 거리를 헤매는 광대,
사람이 그리워 너무 외로운
병든 수캐쯤은 됐을까 몰라.
발을 절며, 코트 깃을 세우고
거리를 배회하고픈 11월의 밤에
골 빈 사람, 남들이 빈정대며 비웃듯 던지는
정말 최후의 로맨티스트였을지 몰라. 난

그때부터 줄곧 낭만을 이야기했지.
그녀와 더불어 골빈 사람들 이야기
슬픔보다 더 품격이 있는
외로움의 골짜기에서
비로소 사랑과 동반의 기쁨을
글을 녹여 노래를 만드는 게
낭만을 꿈꾸는 자들의 세상이라며
그래서 우린
그녀를 알게 되었고,
그녀의 사랑과 외로움
노래하는 슬픔까지 접어서
노래하는 그녀를 위하여
'노래를 사랑하는 사람들의 모임' 이 됐고,
그리고 난,
다시 꽃이 되어 내게 온 당신
나비가 되어 저승에 간 당신이
꽃 한 송이 내 가슴에 안겨준
당신이 좋아하는 노래

'어릿광대 서글픈 사랑' 을.

고요한 밤마다 스쳐오는 그리움

어디 있는지 알 것 같아요.
바람으로 와서
내 가슴을 적시고 가는 그리움,
겨울밤 성에 낀 유리창에 입김 불며 쓰던
그 첫눈 오는 날의 약속을

사랑하는 이여
잠들지 말아요.
깨어서 눈을 깜박거려 봐요.
미안하지만 깜박거릴 땐
나를 〈바람〉이라 불러 줘요.
정말 바람처럼 흔들리고 있는
나의 이름은 바람이니까.

당신에게 점점 가까이 다가가는 숨소리,
나뭇잎 살랑거릴 때마다, 만져보는
바람난 바람이 아니라,
진짜 바람으로, 당신 곁에서 나부끼는 바람처럼
항상 곁에 있어 우주를 흔드는
작고 힘없어 서러운 바람 하나 그냥 접어서
아직 없으니, 느낄 수 없어도
그냥 접어두시고
가끔은 꺼내 보세요.
나, 바람을

아무 때나, 아무 곳에서나
내가 〈바람〉이고 싶은 건
설문대할망이 나에게 준 영력이기도 하지만,
한라산을 흔들던 객기는 아니어도,
그 작은 움직임이 사랑임을
알기 때문입니다.

당신은 언제나 나에겐
큰 하늘, 푸른 그늘,
설문대할망이었어요.

눈짓 보다 더 큰 몸짓으로
윙윙거리는 바람소리뿐인 현실의 껍질을
벗어버리고, 마음으로만
천리 밖 멀리서 눈감는 소리,
당신이 나를 부르는 눈짓이 들릴 것 같아
행복한 두려움 몰려오는 10월의 밤에
그냥 생각이 가는 데로 바람 되어 흐르게
내버려 두세요.

비새〔悲鳥〕

비새가 울고,
비새 되어 내가 울면,
임이 행여 오시려나.

지난밤 이후
이젠 지울 수 없는
혹처럼 가슴에 달고 있는
그런 사랑을 얻었어요.
그리고 안개 속 세상을 돌아와
행여나 하며 메일을 열었습니다.
그리고 보았어요.
아무도 눈치 챌 수 없는,
따뜻하게 다가오는 숨소리,
당신의 꿈이 그린
당신의 추억 하나 만지다가, 결국
일본서 온 지인 일행의 전화를 받고
동한두기 바닷가에 왔습니다.
약속이었으니까. 손님들과의 저녁에

밤의 뒤쪽, 저승의 입구에서 들려오는
벨소리를 듣습니다. 뉴스 시간이었습니다.
태풍 전야의 밤비, 뒤섞여, 뒤엉켜,
몰려오는 파도를 보며, 태풍을 예감하며
당신이 엎지른 유리잔을 봅니다.
버릴 수 없는 것들이
폭풍우 속에 몰려옵니다.
슬피 우는 듯,
미쳐 웃는 듯,

바람인 듯, 무적霧笛인 듯
비속에 당신은 울고 갔어요.
그리고 비속에 어제는 정말 당신의 추억 하나 붙들고
깊이 잠들었답니다.

세상의 끝을 나는 나비

그대,
세상의 끝을 나는 나비여,
낭만이란 이름으로 마음 촉촉이 적시는
이승의 사랑과 바람, 그리고 억새꽃 들판의
작은 울림으로만 가을 들녘에
새로운 의미의 시를 쓰세요.

아직은 9월입니다.
9월의 마지막 밤에 내 죽어
저승의 흑수바다를 지난다 해도
당신을 위해 나비다리 놓겠어요.
저승 가는 길, 개미허리보다 가는 저승길에
노랑나비 하올하올 날아와
이승에서 당신과 내가 온몸으로 적은 사랑,
오색 구름다리 황접교黃蝶橋 교각 위에 새긴
하늘과 땅의 긴 사연 엮어주고
우리의 시간 붙잡아 오래오래 머물러
당신에게 보낼 마지막 선물, 고운 옷 태워

젖은 말 노래로 엮어 춤으로 푼 비밀한 이야기 전하려고
이슬이 마르지 않은 새벽길을 밟아
당신에게 왔으니,
내 어디에 있어도 늘 내 마음 당신 곁에 있어
사랑하였기에 진정 행복했었다고
떠나버린 빈자리에
씁니다. 당신을 위해
지워지지 않는 글을 써
오늘도 저승으로 띄웁니다.

내가 사랑한 광인

낭만이 아니면, 채울 게 없으니
사랑이 아니면, 드릴 게 없으니
열불 나게, 미쳐 몸으로 쓴
가을 노래, 몇 자 적어 보냅니다.
그 맑은 떨림이 행여 그대에게 전해진다면,
사랑한다는 진실만으로
가득 채워드리지요.
창밖엔 아이들의 폭죽놀이,
화려한 변혁을 꿈꾸는 도시
저만치 서선 아름다운 무희 광기의 춤을 추는군,
내버려두자. 아름다운 샛길이여,
지울 수 없는 낙서여, 외도 같은 파격이여,
사랑하는 연인이여,
떨리는 입술에 꽃을 물고, 의미의 그물을 치던
그게 사랑인줄을 나 믿고 있기에
속울음 겉웃음 뜨겁게 뱉어 내거라.
사랑하는 연인이여,
의미의 마침표를 향해 선택한

그대 속눈썹에서 떨고 있는 암유의 공간이여,
광인의 가슴속에서나 읽을 수 있었던,
당신의 언어를 가슴에 새기며,
폭풍 할퀴고 간 숲속, 타오르는 시집 속의 시어들,
어제 눕던 그을린 도시의 뒷골목을 빠져나와
무한처럼 열린 어두운 공허를 향해,
나는 외쳤네. 바람이여,
그대의 시 속으로 떠나버린 시간여행,
그래, 낭만이란 미치는 거야, 미쳐보는 거야.
미쳐보는 거야. 광기가 골을 채울 때까지
끝없이 그대를 부른다.
미치게미치게미치게…
바람이여,
바람이여,
바람이여 불어라.

눈꽃마을 선흘리에 다녀와서

3년 전,
내가 로사와 함께,
도시의 생활을 버리고 눈 마을을 찾아 갔던 건
남들처럼 공기 좋은 시골을 찾은 호사취미는 아니었다.
눈이 좋아서,
눈꽃 피는 마을에 흙집을 짓고,
로사를 위해 단 한번만이라도
불 잘 드는 온돌을 놓아, 굴묵불[溫突] 지피며
설국雪國에 살려는 맘을 먹었기 때문이었다.
꿈을 이룬 2004년 우리들의 겨울은 잠시 따뜻했었다.
꿈은 꿈이었고, 추위는 혹독했다.
눈은 얼마 안 있어 저주가 되었다.
몇 년 전 첫눈 오는 날,
아이들과 눈썰매를 타다 빗장뼈 부러진
눈밭에서의 사고 이후, 나의 몸은 서서히 무너져 내렸다.
그리하여 30여년 술과 바람으로 산 세월은

2003년 4월 3일. 허망하게 뇌출혈로 무너졌고,
쓰러진 몸과 아픈 몸 서로 의지하며 살자 다짐하며,
밖으로만 내닫지 않고 속죄하며 당신을 돌보겠다고
눈을 찾아 제주의 눈 마을 선흘곶
북제주군 조천읍 선흘리 477—5번지에 와서
끝없이 내리는 눈에 갇혔고,
로사의 병은 산행이 힘들만큼 악화되었다.
그 후 수순처럼 로사는 우리를 떠나 또 병원에 입원했고,
따뜻한 흙집의 꿈을 허물고,
우린 이산가족처럼 헤어져 살았다.
로사는 병원 가까운 언니 집에 머물게 되었다.
나는 무모한 산행에서 무릎뼈가 깨어져
2개월 기브스를 하고, 병원신세를 졌다.
로사의 보호자가 오히려
아픈 로사와 로사의 친구들이
119를 부르고, 들것에 실어

한심한 나를 병원에 실어왔다.
그리고 나는 회복이 되었고,
로사의 병은 점점 깊어갔다.
로사는 사진 속에서 늘 웃는다.

비워둘걸 그랬어요

비어 있으니
내 몸 비어 있으니
지리산 자락에 외로움만 남겨 두고
완벽하게 비웠으니
그대 그리움 사랑인줄 알겠어요.
고요가 형벌이 아니라
잠시 스쳐가는 정적靜寂도
그대 거기서 나를 생각하며 눈감는 소리였으면
좋겠어요.

건강을 찾아 산을 오르며
비워버린 마음에
한 겹 두 겹 당신을 향한 생각과
당신이 두고 간 아이들과 의무 그리고…
다시 한 번 그대와 살았던 세상을 생각합니다.
더 비워둘걸 그랬어요.
채울 수 없을 바에
바람이라도 머물다 가게

가슴 속에 묻어 있는 당신의 메모
잊어버릴까봐 노심초사하던 일상을
차곡차곡 접으며
그대 머물다 간 자리에
엽서를 씁니다.

바다

1

그대 눈에
비린 안개 흐르다.
혼 부르는 피울음
가슴에 남긴 자국
소리의 날개로 파닥이다.
어망에 걸려 찢어지다.

2

광목 아흔아홉 통의 외설처럼

아름답게 칭얼대는 바다,
바다 비늘 벗겨져
잡스럽게 안개 울고
왜, 왜, 작은 가슴 설렐까
몰라.
바다여.

3

그것은
소리가 아님
빛은 더욱 아님
살아 움직이고 있음.
살아 움직이는
난시인 그대 귀 끝에
묻어 있는 환청
霧笛
뚜—

4

서러울 때 울어요.
무너지는 하늘
뚫린 바다
썩은 간, 살과
눈을 감고

철없이 만나
입술 떨던 당신이 본
불행한 바다
지워버려
쓸쓸히 지워져버린
안개와
나
그리고
그대

5

해일과
죽은 꽃향기
바다 빛에 멍든
비바리의 넋, 신기루

백골보다 고운 이여도
서정가 되어 흐르다.

이여이여 이여도산아
이엿말은 말아서 가라

하얀
꿈 깨물며
노래하는
바다

6

아—
어둠 속에서
나 그대를 보았소.
빛을 삼킨 바다에
한라산이 둥둥 떠가고
하얀 소복의 그대가
산호꽃 들고
계곡의 어둠 속에서

나 그대를 보았소.

이승과 저승
다 사람이 살고 있었어.

무적霧笛

— 오늘밤에는 낭만을 위하여 저녁7시에
안개주의보(雲霧注意報)를 발령합니다

나의 친구여,
우리 만남은 운명이었고,
그날은 운명처럼 비새[悲鳥]가 울고
슬피 우는 긴 곡소리 내 들어
비새처럼 울던 내가, 당신을 보내던 그날 밤에
당신이 떠나가신 허공에 꿈의 악보를 그렸지요.
긴장된 언어로 낭만을 노래한 감성의 시 한편을
당신의 가슴에 안겨드리기 위하여
오늘밤 안개주의보를 발령합니다.
뚜—
뚜—
뚜—

어둠 저편에서 간헐적으로
오랫동안 잊었던 무적霧笛 소리가
사라봉 등대에서 다시 들려옵니다.
우리들의 감성을 일깨우는 소리,

10월의 밤에 우리들 영혼을 적시는 소리,
우리는 참으로 오랜만에
잃어버린 무적 소리를 다시 듣습니다.
안개 속에 묻어있는 무적은 슬픔의 D단조로
외로운 영혼들의 광기가 되고,
시가 되고 노래가 되었답니다. 그리고
고단한 망자들의 흐느낌이 되어 돌아오기도 합니다.
뚜—
뚜—
뚜—

70년대 초, 때 묻은 코트 깃 세우고
거리를 함성처럼 쏘다니던 친구여,
안개 내리고 사라 등대에서 무적이 울면,
우린 서부두 방파제를 미치게 걸었지.
어디서나 수평선이 걸리는 도시의 뒷골목을 빠져나와
터벅터벅 군화를 끌고 바다의 심연으로 걸어갔었지.

남방에서 올라오는 쿠로시오[黑潮] 물길을 따라 연락선을 탔고,
북방 시베리아 서북풍의 바람길을 따라 삼등열차를 타고는
서울 가는 길, 밤열차 삼등칸 삶은 계란에 소주 한잔은
잊을 수 없는 추억이었지.
그리고 제주로 돌아오는 하향 길에
목포 유달산에 올라, 지금은 가고 없는
천재 가수 이난영의 목포의 눈물을 불렀고,
선창가 조천하숙 이불속에서 잠시 언 몸 녹이고,
사랑하고 이별하며, 연락선 선창가에서 온몸으로 손수건 흔들며,
이별 연습과 헤픈 사랑으로 성숙해진 청춘은
그리고 진짜 미쳐서, 너무 젖어서
몸과 마음을 구겨버리고 안개 속에서 울던
그때 그 잃어버린 시간에 새긴, 말술 같은 그리움 어디 갔느냐,

뚜—

뚜—

뚜—

외젠 다비의 소설 〈북호텔〉 같은
산지항 동부두 〈남양여인숙〉은 축축히 젖어 있었다.
안개 때문에, 습기 눅눅한 밤이면 쓰고 찢고 또 쓰고,
유행가 부르듯 시를 쏟아내던 문학청년의 〈청개구리 신화〉는 어디 갔느냐.
웃고 울다 정말 삼류로 울어버린 그해 가을,
"술은 보해가 좋아요"하며 인생을 배워주던 도남교 다리에서 만난
10월 보름밤 허스키의 매소부는 어느 하늘아래 있을까.
그리고 인생의 모든 숙제 혼자 풀라고 나를 버려두고
훌쩍 속세를 떠나버린 그녀는 지금 어느 하늘 아래 있을까.

뚜—

뚜—

뚜—

속세에 어울리는 나는 언제나 골 비운 친구들을 모아
그때부터 낭만의 반역을 꿈꾸었으니, 이제 세월은 가고
친구들 다시 모여 신낭만주의 선언, 감성의 시대를 엮어가잔다.
어둠 안에는 분명 당신에게 쓰다 둔 미완성의 시처럼
안개 피어나고, 오늘도 예전처럼 사라봉 등대에서 무적이 운다.
친구여, 안개주의보가 내리고,
어둠 속에 잃어버린 무적이 울리거든
너무 젖지는 말고, 우리 다시 한 번 낭만을 위해 친구여,
골빈 친구여, 오늘도 한결같이 코트자락 휘날리며
10월의 마지막 밤을 노래하세, 친구여,

뚜—

뚜—

뚜—

아, 드디어 감성의 시대가 오도다.

신낭만주의 만세!

문영종

1955년생.

1978년 『월간문학』으로 등단.

두모악에서

— 김영갑 갤러리

셔터 소리를 알아듣는 나무가 두모악에 산다
앞뒤로 뻥 뚫린 둥그런 화산석 안에
흙 사내가 고요 속에 젖어 있다
그 사내가 머무는 방은 바람도 둥글다
하늘도 둥글게 두모악에 내려앉는다
두모악엔 미로 같은 돌담길이 있다
돌담 위에서만 사는 흙으로 빚어진 자그만
사내들의 눈빛이
그 사내 눈빛처럼 허허롭다
돌담길을 거닐다보면 정말로
누군가 부르는 듯한 셔터소리에
바르르 떠는 나무들을 볼 수 있다
여기선 나무들도
귀를 열어 놓고 몸을 열어 놓고
토우들과 더불어 산다
그래서 빛도 구름도 오래 머물다 간다

연서

누가 바다와 맞닿는 하늘에
억겁이 흘러도 삭지 않을 한 획을 그어 놓았습니까

내 마음의 바다에도
누군가 한 획을 긋고 사라져
돌아오지 않는 사람이 있습니다
그 후론 바다는 물결이
그리움이고 슬픔이 되었습니다
당신은 속눈썹으로 수평선을 치장하고
슬퍼지는 저녁이면
저렇게 눈시울이 빨개지는 것이라고
누군가 열심히 말해 주었습니다

오늘은 바다가 고른 숨소리를 냅니다
당신은 어디에 있습니까
하얀 모래톱에 떨어지는 꽃잎처럼
내 발자국을 남기고 말없이 돌아갑니다
당신에게 보내는 연서처럼
발자국만 남기고 돌아갑니다

먼지

새벽에 일어서는 빛은 그윽하다
그 빛살 문틈 사이로 들어서자 허공 모습이 열린다
허공은 고요하게 비어있는 것이 아니라
먼지 알갱이로 가득한 세상이었다
먼지들은 깨어나
자기 존재를 알리며
소리 없이 솟아오르기도 하며
멈칫멈칫 거리다가
저 먼 공간으로 날아가 버리기도 한다
어느 한 점에 초점을 맞추어
오래 오래 그 먼지 생을 엿보고 싶다
모든 생들은 어쩌면 먼지로 허공에 떠 다녔을 것이다
마음도 허공이다
그 마음 허공도 저런 먼지 세상일 것이다
어떤 날은 마음은 작은 알갱이들을
눈덩이처럼 굴리면서 부피를 키운다
오늘 나는 뒤숭숭한 꿈 때문에
마음은 모래바람 같았다

거울 속 내 모습도 내 눈빛이 아니었다
마음 밑바닥을 손으로 쓸어보면
피곤한 침대 밑과도 같을 것이다
그윽한 빛보다도
먼지를 태울 수 있는 침묵의 불이 그립다

지렁이

눈이 없는 자가 돌계단에 쓰러져 있다
꿈틀거리는 게 죽어 있는 것이 아니다
이 지렁이에겐 환한 세상이 캄캄한 세상이고
컴컴한 흙살이가 따스한 삶이었을 것이다
무슨 일로 세상 밖으로 나선 것일까
오랫동안 비가 오지 않아서
생활이 피곤해져서 길을 나선 것일까
물기 없는 돌계단 중앙에서 오도 가도 못해 안절부절
이다
돌계단 밑은 보드라운 흙이고
눈만 있다면 길이 환히 보일 텐데
지렁이에겐 걸어도 걸어도 끝이 없는 길 같다
한쪽 돌계단 밑으로 발을 내밀어
빈 허공만 오래 만지작 만지삭 거리나 돌아신다
어쩌면 우리 삶도 저런 삶이다
앞날이 보이지 않아 주저주저하며 걷는다
지렁이가 그런 내 삶일 것 같아
나는 구원처럼 다가가
한 생명을 조용히 풀섶에 놓아 준다

눈망울

대롱대롱 여린 나뭇가지에 매달린 물방울은 물의 눈망울이다
나무는 세상을 보고 싶어 물방울로 눈망울을 만들어 눈을 떴다
그 맑은 눈망울로 나를 보고 들여다보는 나도 눈망울이 되고 물방울이 된다
여린 바람에 눈망울이 달아날 것 같아 어쩌나 안쓰러움이 더해져 간다
눈망울이 되고 물방울이 되어 나무는 세상을 본다
물방울 속에 눈망울이 있고 눈망울 속에 내가 있고
내 속에 눈망울이 있고 내가 물방울로 비친다
이상하게도 가늘고 여린 가지만이 물방울로 눈망울을 만들 수 있다
바람도 없이 가는 비가 내리는 날은 우산도 싫고 모자도 싫다
아주 느리게 한발 한발 숲길로 들어서다보면
어느새 나는 온몸에 푸르름이 돋아나는 나무가 되고 만다

수평선

수평선에 섬이 보인다
바다 숨소리가 가랑가랑하다
수평선에 시선을 고정한 채
어둠에 갇혀도 움직일 줄 모르는 새가 있다

불탄 하늘이 어둑발을 내밀고 있다
어두워져 가는 바닷가에 물새들이 시간도 잊은 채
손꼽놀이만 한다
아직도 까만 돌에 앉아있는 새는 물소리에 취해서일까
돌 그자체가 되어 버렸다

모래톱에 남긴 내 발자국도 이젠 눈을 감는다
빛 기운이 희미하게 남아 있는 수평선으로
한 사내가 섬이 되어 흘러가고 있다
바다와 하늘이 하나가 되어가고 있다

물의 법문
— 금봉곡 석굴암에서

그 산사엔 물이 귀하다
골짜기를 건너온 물이 웅덩이에 고여 있을 뿐이다
부처님 공양물이란 팻말도 있다
물 한 방울도 함부로 하지 말라는 말일게다
정말 그 물은 마시는 순간 물의 고마움이 스며든다
물속엔 산새소리도 있고
흘러가는 구름도 있다
그날은 이른 봄날이었다
산행길 곳곳에 아직도 생을 못 바꾼 눈더미가 있어
생각의 눈길을 끈다
세상에 오래 존재하는 것도 집착이 아닐까
몸을 확 바꿔버리면 어떨까
바람이 저만치 달려가면서 잔가지를 흔들어 놓는다
이것도 등산이라고 몸이 거칠어진다
산사에 들어서니 목부터 물을 찾는다
물이 가득한 웅덩이 등골이 오싹해진다
왠 백사 한마리가 도를 닦으려고 부처님 공양물 속에(?)
자세히 보니 도룡알이다 속이 훤히 보인다

염주알 같은 움직이는 눈동자들 있다
물웅덩이에서 부처님이 참 생명을 키우시고 있으시다
원효 스님은 해골바가지 물로 한 소식을 접했다고 한다
깨끗하다 더럽다 하는 것도 마음이 짓는 일이라고
물이 나를 유혹한다
나는 법문 하나 건지고 산사에서 구름처럼 떠돌다 내려왔다

바다 이야기

수족관 물고기들 입 벙긋 벙긋한다
들여다보는 나에게 할 말이 많은 듯 하다
물고기 앞모습은 사람과 별반 차이 없다
입도 있고 눈도 있다
수족관을 툭툭 건드려도 눈을 맞추어도 그 자세다
죽음의 순간이 가까이 옴을 느끼기나 할까
수족관이 바다라고 여기는 것은 아닐까
너무 좁다고 빨리 죽여 달라고
소리치는 것은 아닐까
소주잔을 들이키고 금방 잡은 회 안주를 먹는다
내가 할 수 있는 일은 물고기 살점을 맛있게 먹어
그 물고기들을 내 몸 속에서 잠재워 주는 일뿐
오늘도 횟집에 와서 술잔을 든다
물고기 명복을 빌며
요즘 세상 바다이야기를 듣는다

넋두리

마음은 무거워지는데 나는 작아지네
오십 줄에 들어서니 시간이 확 확 몸속을 통과하네
어떤 벗들은 벌써 자식들 시집 장가 보내네
정말 많은 세월이 강물처럼 흘러갔네
아버지는 이 나이에 어찌 하셨을까
어린 시절로 돌아가는 날 많아진다네
따분하면 하릴없이 저 나무는 잎이 얼마 남았나
나무나 보네 하늘도 쳐다보고
문뜩 나무는 성자라는 생각이 드네
함이 없으면서 함이 가득한 행위
그게 무위적 삶이네
구름이 흘러가는 하늘도 그렇다네
자연은 모두가 무위의 모습을 보여주는데
인간만은 그렇지 못한다네
마음이 정말 무겁네 무거울 것은 하나 없는데
나무처럼 난 생각을 버리지 못하네
졸리면 자고 배고프면 밥 먹고
시 쓰고 싶으면 시나 쓰고 정말 그러고 싶네
나무가 잎을 피우고 미련 없이 잎을 버리듯이

호랑지빠귀

왜 이다지도 맑고 슬픈가
가슴 조이며
깊숙한 곳에서 울려나오는 소리
잠들지 못하는 깊은 밤
내 영혼을 울려주고 가네
보이지 않아
무슨 새인지 찾을 수 없네
내 가슴에서 울려 나오는 소리는 아닌가
귀도 기울여 보네

너무나 간절한 가락이어서
순백의 뼈 피리 소리 같아서
난 어쩔 줄 모르겠네
별님도 모르고 달님도 모른다 하네
꿈에 그리던 임 같아 보고 싶어지네
서러운 밤도 아닌데
애달프게 누구를 기다리나

영혼의 꽃살문을 두드려 주고 가네
나도 모르게 두 눈이 감겨 젖어가네

■ 해설

여섯 시인이 들려주는 '깨어있음'

강영기
(문학평론가)

1. 프롤로그

'깨어있음의 시' 동인이라는 명칭에는 무엇에 대한 깨어있음이 담겨져 있을까? 그것은 시대, 현실, 자아, 역사, 사랑…. 무엇일까? 여러 단어들이 연상된다. 그리고 '깨어있음' 이라는 단어에 흥미를 갖고 시집 속을 들여다본다. 그 속에는 분명 동인 6인이 표현한 깨어있음의 의미가 담겨져 있기 때문이다.

따라서 이 글에서는 '깨어있음의 시' 동인의 작품을

통해 그들이 들려주는 '깨어있음'의 의미를 추적하기로 하자. 하지만, 이 글에서 분석하는 '깨어있음'의 의미는 이번에 발간된 동인시집에 나타난 의미일 뿐, 평소 6인의 시인이 추구하는 시 쓰기의 방향이나, 시를 통해 추구하는 의미가 아님을 미리 일러둔다.

2. 김광렬의 깨어있음

김광렬의 '깨어있음'을 한 마디로 요약하면 무엇일까? 그것은 '살아있음'이 아닐까. 진리 또는 자연 앞에서 자신을 느끼고, 자아를 찾아가는 모습은 분명 그가 시작을 통해 추구하는 깨어있음이다.

> 허우적거리는 것은 갈대만이 아니다
> 나도 하루에도 열 번 스무 번
> 흔들리고 또 흔들린다
> 단단한 지층으로
> 자꾸 뿌리를 내려 보지만
> 으스러져라 세상을 거머쥐어 보기도 하지만
> 이제 견고해졌다고 생각할 때
> 나는 다시 흔들린다
>
> —「저 갯벌 속 뿌리가 궁금하다」에서

시인은 갈대의 허우적거림을 통해 자신의 이야기를 독자에게 들려준다. 시인이 "하루에도 열 번 스무 번 흔들리고 또 흔들리"는 이유는 세상 혹은 세속적 삶에 대한 욕망과 자신의 생활 모습을 바로 보려는 자아 찾기 사이에서 생겨난 흔들림 때문이다. 시인은 "으스러져라 세상을 거머쥐어 보"는 행동을 통해 자신을 둘러싼 세속적 삶에 대해 만족감을 느낀다. 이러한 시인의 태도는 "이제 견고해졌다고 생각할 때"라는 시구를 통해 드러난다. 이렇게 자신의 삶에 대해 만족할 때 시인을 둘러싼 자연은 인간의 본질적인 삶에 대한 또는 참된 삶에 대한 물음을 던진다. 그것은 갈대의 움직임이며, 갯벌 속에서 뿌리를 내린 식물을 통해 나타난다. 이를 통해 시인은 다시 흔들릴 수밖에 없다. 그 이유는 자신의 깨어있음을 느끼려는 시인의 의지가 매우 견고하기 때문이다.

다음에 인용한 시 역시 김광렬의 깨어있음을 단적으로 보여주는 예이다.

> 거울에 얼굴을 비춰도
>
> 자기 모습을 볼 줄 모르는 도굴꾼
>
> 밥을 위하여 제 영혼을 팔아버린 사람이다
>
> 나도 혹, 그와 같은 사람은 아닐까 자못 걱정되어서

온몸이 아파온다

—「도굴꾼—용암동굴에서」에서

거울은 자신의 모습을 비춰주는 기능을 한다. 그래서 많은 사람들은 거울을 통해 자신의 삶을 되돌아본다. 하지만, 인용 시에 등장하는 "도굴꾼"은 거울에 비친 자신의 모습을 볼 줄 모른다. 도굴꾼이 자신의 모습을 볼 줄 안다면 "영혼"으로 상징되는 인간의 진실된 모습을 포기하고 "밥"으로 상징되는 세속적 삶을 위해 적어도 도굴은 하지 않기 때문이다. 결국 김광렬은 자연 앞에서 자연을 훼손하는 인간을 도굴꾼으로 인식한다. 그리고 그 인식을 통해 참된 삶 혹은 자연 앞에서의 자아 찾기를 독자에게 들려준다. 시인의 이러한 인식 태도는 시인이 지닌 깨어있음이며, 살아있음을 느끼기 위한 시인의 노력이다.

쇄쇄 흐르는 바람소리도 물소리도
사실은 다 목탁소리네
내가 갈그랑갈그랑 내쉬는
검고 혼탁한 숨소리까지도?

—「목탁소리」에서

인용 시에 등장하는 “바람소리”, “물소리”, “목탁소리”는 동일한 의미를 지닌다. 그것은 자연이며, 진리이다. 또한 절대적 존재이다. 시인은 자연의 소리와 절대추구의 소리를 통해 자아 찾기를 시도한다. 그리고 그 시도는 자신의 삶 역시 자연적이며 절대추구를 갈망하는 인간의 태도에 편입하고 싶은 욕망으로 해석된다. 하지만 김광렬은 “내가 갈그랑갈그랑 내쉬는 검고 혼탁한 숨소리까지도?”라는 시구를 통해 자신의 숨소리가 자연의 소리이며 절대 추구의 소리인지, 혹은 “바람소리”, “물소리”, “목탁소리”와 동일한 의미인지 스스로 의문시한다. 이러한 시인의 의문은 진리 또는 자연 앞에서 자신을 느끼고, 자아를 찾아가는 모습이라 할 수 있다.

지금까지 김광렬의 시에 나타난 ‘깨어있음’의 의미를 살펴보았다. 그것은 진리 또는 자연 혹은 절대적 존재 앞에서 살아있음을 느끼기 위한 시인의 몸부림이며, 자아를 찾기 위한 욕망이다. 이 속에서 시인은 깨어있음을 시로 들려준다.

3. 김석교의 깨어있음

김석교의 깨어있음은 무엇일까? 그는 시를 통해 무엇에 대한 깨어있음을 세상에 들려줄까? 그것은 단적으로 이야기하면 '휴머니즘'의 추구이다. 그는 도시 또는 세상을 살아가면서 느끼는 인간애를 시라는 장치를 통해 들려준다. 이 속에 그가 추구하는 깨어있음이 담겨 있다.

한 계단 한 계단
목숨으로 빚어진 성루를 밟고
아내 잃은 사내는
독한 이과두주를 병나발 분다

서러운 병사의 아내가 남긴
장성의 전설에
목 놓는 서러운 늙은이여
홀로 빛나는 은빛 머리칼에
천천히 내려앉는 죽음이여

—「만리장성」에서

인용 시를 통해 시인은 독자에게 만리장성에 얽힌 전설을 들려준다. 그리고 이를 통해 시인은 국가 권력에 의해 희생된 서러운 병사의 아내 이야기를 외연으로 내보인다. 하지만 시인이 궁극적으로 이야기하고 싶은 것은 만리장성 전설에 목 놓는 서러운 늙은이에 대한 이야기이다. 그것은 '왜? 늙은이가 서러워하는가?'의 물음이다. 시인은 그 물음에 대한 대답으로 "아내 잃은 사내의 병나발"이라는 시구와 "목 놓는 서러운 늙은이"가 만든 시적 상상의 상황을 독자에게 들려준다. 그 이야기를 통해 시인은 힘없이 국가권력에 의해 희생된 사람들의 가슴 아픈 이야기를 현실의 이야기로 환원한다. 여기에 시인의 시 쓰는 힘이 있다. 그 힘은 바로 김석교가 추구하는 휴머니즘이며, 깨어있음이다.

자욱한 안개처럼
온종일 거리를 뒤덮는 먼지
오염된 먼지바람 속
소녀 같은 엄마가
젖을 드러내 아이에게 물리고 있다

한참을 걷다
길가의 그 엄마 생각나 돌아가 보니
노동자처럼 씩씩하게
스테인리스 창틀을 만들고 있다

가랑이 터진 내복의 아이
길 건너 편
호화 아파트 입구에는
두 경비병의 눈길이 사냥개 같다

—「스프링호텔 근처」에서

시인은 “온종일 거리를 뒤덮는 먼지/오염된 먼지바람”이라는 시적 배경을 통해 비정한 도시의 모습을 그려낸다. 그리고 시인은 “소녀 같은 엄마가 젖을 드러내 아이에게 물리”는 모습을 형상화함으로써 ‘모성애’라는 순수성을 이야기한다. 시인은 두 상황이 만들어낸 이항 대립적 상황을 배경으로 그가 하고 싶은 이야기를 들려준다. 그것은 바로 인간추구의 노력이다. 이를 위해 시인은 “노동자처럼 씩씩하게 스테인리스 창틀을 만들고 있”는 엄마와 “가랑이 터진 내복의 아이”를 다시 보여준다. 인용 시에서 아이의 순수함과 아이를 위해 일하는 엄마의 모습을 형상화하는 이유는 시인이 추구하는 것이 무엇인지를 독자에게 명확히 보여주기 위함이다. 그리고 시인은 “호화 아파트 입구에는 두 경비병의 눈길이 사냥개 같다”라는 언술을 통해 시인이 추구하는 깨어있음이 무엇인지를 분명하게 들려준다. 그것은 인간에게 진정한 가치는 경제적으로 호화한 것이 아니라 순수 추구의 삶이라는 평범하면서도 인간적인 진리이다. 이러한 시인이 지닌 시 쓰기에 대한 생각은 다음에 제시되는 작품에도 나타난다.

우도의 칠십대 해녀 할머니
어제 바다에서 생을 마감했다고

조간신문에 짤막히 한 줄

…(중략)…

태어나서 처음으로 편안해진 할머니
수경 낀 얼굴에는
물거품 같은 미소도 떠올랐으리

—「해녀의 죽음」에서

인용 시는 조간신문에 짤막히 한 줄 적힌 칠십대 해녀 할머니의 죽음을 소재로 한다. 시인이 자신과 아무런 관계도 없는 해녀 할머니를 소재로 시 쓰기를 시도하는 이유는 그가 추구하는 인간추구의 정신에 기인한다. 그래서 그의 깨어있음에는 인간추구의 정신 즉, 휴머니즘이 내재되어 있다. 이러한 시인의 시 쓰기 방향인 휴머니즘은 문학적 상상력과 만나 "태어나서 처음으로 편안해진 할머니/수경 낀 얼굴에는/물거품 같은 미소도 떠올랐으리"라는 시 구절을 만들어낸다. 그리고 비록 이승이라는 시간적 또는 공간적 의미에서는 죽었지만 정신적으로 영원히 살아있다는 의미를 생성한다. 따라서 해녀 할머니는 시를 통해 부활한다.

김석교의 깨어있음은 인간추구의 정신 즉 휴머니즘이다. 그는 이를 실현하기 위해 시작 활동을 전개한다. 이러한 그의 시 쓰기는 세상 힘을 지닌 사람을 위한 시가 아니라 소외되거나 힘이 없는 사람을 위한 시 쓰기로 나타난다.

4. 김수열의 깨어있음

김수열이 들려주는 깨어있음은 반성적 태도이다. 그것은 사람과의 만남에서, 시를 쓰는 과정에서, 부인과의 대화에서 나타난다. 즉, 시인의 삶에 대한 반성이며 생활에 대한 반성이다. 이러한 자기 자신에 대한 시인의 반성적 시 쓰기는 결국 시인이 생각하는 삶의 방향이라 할 수 있다.

> 사람을 만나는 일
> 더도 말고 덜도 말고 생선 굽듯 하라는데
> 나는 얼마나 많은 사람을 망가뜨리면서
> 여기까지 왔을까
> 또 얼마나 많은 사람을 무너뜨리면서
> 남은 길을 가야하는가
>
> ―「고등어를 굽다가」에서

인용 시에는 시인이 현재까지 살아오면서 느끼는 사

람과의 만남에 대한 반성이 담겨있다. 시인을 둘러싼 현대 사회의 만남은 항상 조건이 있다. 그 조건은 좋은 방향의 것도 있지만, 좋지 못한 방향의 것도 있다. 그래서 현대 사회에서 만남이라는 행위는 사람을 망가뜨리기도 하고 무너뜨리기도 한다. 이러한 만남의 상황을 시인은 반성한다. 이러한 반성적 태도는 시인으로 하여금 만남에 대한 정의를 내리게 한다. 그것은 '너무 익히지도 그렇다고 너무 설익히지도 않은 먹기에 안성맞춤인 생선을 굽'듯 사람과의 만남은 이루어져야 한다는 것이다. 고등어를 굽다가 사람과의 만남을 떠올리는 시인의 시적 상상력은 시인이 지닌 반성적 사고를 통해 독자에게 사람과의 만남이 얼마나 중요한가를 생각하게 한다.

'그것도 시야' 다음에
물음표가 올 것도 같고
느낌표가 올 것도 같고

추적추적 겨울비 내리는 날
시험감독을 하는데 아무렇지도 않게
답안을 써내려가는 아이들 훔쳐보다가
나는 이렇게, 남은 문제지 여백에
되지도 않은 시를 써보는데

그 아이가 한없이 부럽기도 하고
내가 정말 한심스럽기도 하고

—「시를 쓴다는 일」에서

인용 시는 시인 자신의 시작에 대한 반성이 담겨져 있다. 시인은 "'그것도 시야'"라는 물음에 대해 고민한다. 그 물음에 대한 해답을 찾으려고 노력하지만 그 해답은 쉽게 풀리지 않는다. 하지만 "아무렇지도 않게 답안을 써내려가는" 아이들과 "남은 문제지 여백에 되지도 않은 시"를 쓰는 자신이 만들어낸 아이러니 상황은 시인에게 해답을 들려준다. 그것은 "내가 정말 한심스럽"다는 반성이다. 결국 시인이 생각하는 시는 관념의 시가 아니다. 그가 생각하는 시는 아이들처럼 아무렇지도 않게 써내려 가는 것이다. 그것은 결국 생활의 시이다. 그래서 시인에게 시를 쓴다는 행위는 생활의 이야기를 들려주는 것이고 생활에 대한 반성이 된다.

며칠 전부터 오른쪽 팔꿈치가 시큰거린다고
엄살을 부렸더니 아내는 찬그릇 툭 내려놓으며
술病! 하고 바람소리 나게 돌아선다

밥상을 마주하고 앉아 두어 술 뜨다가

부아가 치밀어 올라 밥숟갈 거칠게 내려놓고
베란다로 나가 담배 물고 길게 한숨 내쉰다

담뱃불 끄면서 휘영청 달을 본다
아무래도 아내의 진단이 맞은 것 같다

—「술病」 전문

인용 시는 아내의 이야기 한 마디를 통해 시인의 반성적 태도가 나타난다. 시인은 며칠 전부터 오른쪽 팔꿈치가 아팠다. 하지만, 시인의 아내는 술病으로 치부한다. 아내의 냉랭한 태도 때문에 시인은 부아가 치밀어 더 이상 수저를 들지 않는다. 그리고 베란다로 나가 담배를 물고 길게 한숨을 쉰다. 담배를 한 개비 피우는 짧은 시간에 시인은 자신의 생활에 대한 반성을 한다. 그것은 "담뱃불을 끄면서 휘영청 달을" 보는 행위를 통해 나타난다. 이러한 시인의 생활에 대한 반성은 "아내의 진단이 맞은 것 같다"를 통해 그 의미를 강화한다.

김수열의 깨어있음은 반성적 태도이다. 그 반성적 태도는 사람과의 만남, 시험 감독, 아내와의 대화 등 일상적 삶에서 나타난다. 그리고 그것은 단순한 반성에만 그치지 않고 삶을 살아가는 지혜 또는 격언처럼 시인에게 삶을 살아가기 위한 방향을 제시한다.

5. 나기철의 깨어있음

나기철의 깨어있음은 일상생활에서 느끼는 삶의 가치이다. 그래서 그는 일상적 삶을 시 쓰기의 소재로 잡는다. 다음에 제시한 작품은 동료 교사의 모습을 통해 일상적 생활에서 느끼는 삶의 가치를 이야기한다.

> 서른 세 살의
> 옆옆 자리 올리바 수녀가
> '도움이신 마리아딸 수도회의 회헌과 회칙' 의
> 몇 구절을 옮겨 적는다
>
> …(중략)…
>
> 나도 이렇게
> '자기 규칙서' 가 있어야 겠다
>
> 내 안에 언제나
> 그득한
> 썰물
>
> —「썰물」에서

인용 시에는 일상적 삶에서 느끼는 삶의 가치가 있다. 그 가치는 일상적 삶에서 느끼는 공허에서 벗어나려는 태도이다. 그는 "언제나 그득한 썰물"처럼 공허를 느낀다. 하지만, 시인의 교무실 옆옆 자리에 앉는 서른 세 살의 올리바 수녀는 그렇지 않다. 그녀는 교무실에서 "도움이신 마리아딸 수도회의 회헌과 회칙"의 몇 구절을 옮겨 적는 행위를 통해 성직자로서의 자기다짐을 한다. 이러한 모습을 목격한 시인은 자신의 삶을 돌아본다. 그리고 "나도 이렇게 '자기 규칙서'가 있어야 겠다"라는 언술을 통해 점점 시간과 세속에 찌들어가는 자신을 돌아보고 규칙적인 삶을 살겠다고 다짐한다. 그 다짐은 시인의 가슴에 담겨진 "언제나 그득한 썰물"인 공허를 극복할 수 있는 방법이기 때문이다.

거실에 놔 둔 동그란 어항
물고기 두 마리 중 한 마리 살아
사 년을 혼자 지냈다
고기밥 매일 주고
물 며칠에 한 번 갈아 주었는데
한 며칠 잊어버린 후
고기 물 위에 떴다

…(중략)…

나를 키워주시는 하느님
어느 날 내게 일용할 양식 주시는 것
잊으시면
내 목숨 그냥 멈추리
그러면 누가 나를 갖다 묻을까
나 없는 집을 어디다 갖다 놓으실까

—「어항」에서

시인은 거실 어항에 둔 고기를 보면서 자신과 동일하다고 느낀다. 그래서 죽은 어항 속 고기처럼 자신도 누군가가 며칠 밥 주기와 어항 물 갈아 주기를 잊어버린다면 죽을 수 있다고 느낀다. 그리고 그 누군가를 절대자인 하느님으로 인식한다. 시인의 인식에는 다분히 인간으로서의 한계가 내재한다. 인간은 인간 이외의 모든 사물에 대해 능력의 우위에 있다고 생각한다. 그래서 인간은 어항 속에 고기를 가둬두고 고기에게 밥도 주고 물도 갈아준다. 하지만, 시인은 다른 인간이 지닌 '인간 절대주의' 의 관념에서 벗어나 자신의 삶이 어항 속 고기라고 인식한다. 그래서 하느님이 일용할 양식 주는 것을 잊으시면 자신도 어항 속 고기처럼 죽어갈 수 있다고 느낀다. 이러한 시인의 인식에는 실존의식이 담겨져 있다. 그리고 "누가 나를 갖다 묻을까/나, 없는 집을 어디다 갖다 놓으실까"라는 질문을 통해 자연 속에서 살아가야 하는 인간의 삶을 제시한다. 이 속에는 일상적 삶에서 최선을 다하겠다는 시인의 의지가 내포되어 있다.

요즘 한 이 년 아프지도 않고 수업도 잘 되어, 학생들 참 고분고분하다.
어디서 만나도 얌전히 고개 숙이고 인사하고 지나간다.

오늘 저녁 음악회 보고 버스 정류소 걸어가는데 한 떼의 졸업생인 듯한
처녀애들 인사, 지나자마자 까르르 웃는다.

서점에 와 시집 코너 앞에 와 앉으나 계속 가슴 저린다.

—「인사」 전문

인용 시를 읽으면서 시인이 가슴 저린 이유를 생각한다. 그것은 두 가지로 나타난다. 하나는 졸업생인 듯한 처녀애들이 인사를 하고 지나자마자 까르르 웃는 형식적 인사에 대한 비판일 수도 있고, 다른 하나는 그녀들에 대해 형식적인 인사만을 전했다는 시인의 자책일 수

도 있다. 하지만, 이 두 가지 전부 일상적 삶을 통해 지향해야 할 인간의 가치와 연결된다. 그것은 바로 "인사"가 지닌 의미 때문이다. 인사는 안부를 묻거나 공경 · 친애 · 우정의 뜻을 나타내는 말이나 행동이다. 하지만, 그 행위가 형식에 치우친다면 원만한 인간관계가 형성될 수 없다. 여기에 시인이 지닌 삶의 가치가 나타난다. 그것은 원만한 인간관계이다. 이런 이유 때문에 시인이 가슴 저린지 모른다.

나기철은 그의 시를 통해 일상적 삶에서 느끼는 삶의 가치를 이야기한다. 그래서 그의 깨어있음은 삶의 가치가 된다. 그가 이러한 시를 지향하는 이유는 자기반성을 통해 사물을 바라보려는 태도를 지녔기 때문이다.

6. 문무병의 깨어있음

문무병의 깨어있음은 그리움이다. 그 그리움은 죽은 아내에 대한 사랑이다. 이렇게 사랑의 아픔과 그 극복을 담은 목소리는 우리 문학사에서 살펴보면 멀게는 월명사의 「제망매가」에서 가까이는 도종환의 「옥수수밭 옆에 당신을 묻고」에 나타난다.

아무 때나, 아무 곳에서나

내가 〈바람〉이고 싶은 건
설문대할망이 나에게 준 영력이기도 하지만,
한라산을 흔들던 객기는 아니어도,
그 작은 움직임이 사랑임을
알기 때문입니다.

당신은 언제나 나에겐
큰 하늘, 푸른 그늘,
설문대할망이었어요.

—「꽃이 된 사람, 다시 내게 오다」에서

인용 시를 통해 시인은 "바람"이 되고 싶어 한다. 그가 "바람"이 되고 싶은 이유는 아내에 대한 사랑이 지속되기 때문이다. 아내는 시인에게 "큰 하늘, 푸른 그늘, 설문대할망"과 같은 존재이다. 하지만 그녀는 이제 이승에는 존재하지 않는다. 이러한 그녀에게 자유롭게 넘나들 수 있는 것은 바로 "바람"이다. 따라서 시인은 아내에 대한 사랑의 지속성을 유지하기 위해 "바람"이 되려 한다. 이러한 시인의 염원에는 아내에 대한 사랑과 현재의 아픔을 치유하려는 태도가 나타난다.

이슬이 마르지 않은 새벽길을 밟아

당신에게 왔으니,
내 어디에 있어도 늘 내 마음 당신 곁에 있어
사랑하였기에 진정 행복했었다고
떠나버린 빈자리에
씁니다. 당신을 위해
지워지지 않는 글을 써
오늘도 저승으로 띄웁니다.

—「세상의 끝을 나는 나비」에서

아내에 대한 시인의 그리움은 "오늘도"라는 시어를 통해 지속적으로 나타남을 알게 한다. 그래서 시인은 새벽 아내의 무덤을 찾을 수 있다. 이 곳에서 시인은 아내를 향해 "사랑하였기에 진정 행복했었다"라고 이야기한다. 이러한 시인의 언술을 통해 독자는 시인이 지닌 아내에 대한 깊이를 알 수 있다. 그 깊이는 "지워지지 않는 글"처럼 영원불멸한 것이다. 그래서 시인은 "내 어디에 있어도 늘 내 마음 당신 곁에 있"을 수 있다.

더 비워둘걸 그랬어요.
채울 수 없을 바에
바람이라도 머물다 가게
가슴 속에 묻어 있는 당신의 메모

잊어버릴까봐 노심초사하던 일상을
차곡차곡 접으며
그대 머물다 간 자리에
엽서를 씁니다.

—「비워둘걸 그랬어요」에서

인용 시의 제목 또는 시 쓰기의 소재로 사용된 "비워둘걸 그랬어요"는 아내의 메모에서 착안한 듯 하다. 이 속에는 시인의 아내가 지닌, 아니 시인과 시인의 아내가 지닌 넉넉한 마음이 담겨져 있다. 그리고 자연을 사랑하는 마음이 담겨져 있다. 그것은 "더 비워둘걸 그랬어요. 채울 수 없을 바에 바람이라도 머물다 가게"를 통해 나타난다. 또한 이 시구를 통해 부부가 욕심 없는 사람이라는 것을 알게 한다. 한편, 시인은 "그대 머물다 간 자리에 엽서를 씁니다."라는 언술을 통해 아내의 부재를 인식하고 그리움의 깊이를 넓혀간다.

문무병의 깨어있음은 아내에 대한 사랑과 그리움이다. 그는 아내가 부재된 현실에서 그것을 극복하는 방법을 시 쓰는 행위를 통해 찾는다. 그래서 그는 아내에 대한 사랑과 그리움의 시를 쓴다. 이러한 시인의 행위는 시인의 깨어있음이다.

7. 문영종의 깨어있음

문영종의 깨어있음은 맑은 영혼 세계의 추구이다. 그래서 그는 자연을 통해 자연이 지닌 속성인 순수성을 이야기한다. 이 속에는 자신이 추구하는 맑은 영혼을 지향하는 의지가 담겨져 있다.

> 대롱대롱 여린 나뭇가지에 매달린 물방울은 물의 눈망울이다
> 나무는 세상을 보고 싶어 물방울로 눈망울을 만들어 눈을 떴다
> 그 맑은 눈망울로 나를 보고 들여다보는 나도 눈망울이 되어 물방울이 된다
> 여린 바람에 눈망울이 달아날 것 같아 어쩌나 안쓰러움이 더해져 간다
> 눈망울이 되고 물방울이 되어 나무는 세상을 본다
> 물방울 속에 눈망울이 있고 눈망울 속에 내가 있고
> 내 속에 눈망울이 있고 내가 물방울로 비친다
>
> —「눈망울」에서

시인은 나무를 통해 자신이 지향하는 맑은 영혼의 세계를 이야기한다. 그것은 "물방울", "눈망울"로 상징되는

순수의 세계이다. 그래서 시인은 "나도 눈망울이 되어 물방울이 된다"라는 언술을 통해 순수 지향의 의지를 이야기한다. 또한 시인은 순수의 결정체인 나무를 통해 세상을 보려 한다. 하지만, 시인의 궁극적인 '바라보다'의 행위는 맑은 영혼 세계의 추구이다. 그것은 시인의 내적인 영역이다. 이러한 시인의 행위는 "물방울 속에 눈망울이 있고 눈망울 속에 내가 있고/내 속에 눈망울이 있고 내가 물방울로 비친다"를 통해 나타난다. 이를 통해 시인은 맑은 영혼 추구의 목소리를 독자에게 들려준다.

이것도 등산이라고 몸이 거칠어진다
산사에 들어서니 목부터 물을 찾는다
물이 가득한 웅덩이 등골이 오싹해진다
웬 백사 한마리가 도를 닦으려고 부처님 공양물 속에(?)
자세히 보니 도룡알이다 속이 훤히 보인다
염주알 같은 움직이는 눈동자들 있다
물웅덩이에서 부처님이 참 생명을 키우시고 있으시다
원효 스님은 해골바가지 물로 한 소식을 접했다고 한다
깨끗하다 더럽다 하는 것도 마음이 짓는 일이라고
물이 나를 유혹한다

—「물의 법문」에서

인용 시는 시인의 편견에서 시작된다. 그것은 "물이 가득한 웅덩이 등골이 오싹해진다"를 통해 나타난다. 하지만, 이러한 시인의 편견은 부처님의 법문을 통해 맑은 영혼 세계의 추구로 전환된다. 그것은 "염주알 같은 움직이는 눈동자"들인 새 생명이며, 자연의 모습이다. 그래서 시인은 "깨끗하다 더럽다 하는 것도 마음이 짓는 일이라"는 깨달음을 얻는다. 이러한 시인의 깨달음은 결국 그가 추구하는 맑은 영혼 세계의 지향이라 할 수 있다.

따분하면 하릴없이 저 나무는 잎이 얼마 남았나
나무나 보네 하늘도 쳐다보고
문뜩 나무는 성자라는 생각이 드네
함이 없으면서 함이 가득한 행위
그게 무위적 삶이네
구름이 흘러가는 하늘도 그렇다네
자연은 모두가 무위의 모습을 보여주는데
인간만은 그렇지 못 한다네

—「넋두리」에서

시인은 나무를 통해 무위적 삶을 느낀다. 그것은 남에게 자신의 가치를 강요치 않고 자연의 이치에 따라 서로 사랑하고 존중하는 것이다. 시인이 이러한 생각을 갖는 이유는 "인간만은 그렇지 못 한다네"를 통해 알 수 있다. 인간의 삶 또는 세속적인 삶은 남에게 자신의 가치를 강요하고 자신의 이익만을 위해 살아가는 생활이다. 이러한 현실에서 시인은 나무를 보며 혹은 하늘을 보며 자연이라는 무위의 모습을 느낀다. 이렇듯 자연과 더불어 무위의 모습을 닮아가려는 시인의 태도는 맑은 영혼의 세계를 지향하려는 시인의 의지이다.

문영종은 자연과 함께 살아가려는 삶의 태도를 보인다. 물론 이 속에는 부처님이라는 절대적 진리도 내재한다. 그가 이러한 태도를 보이는 이유는 그가 시를 통해 맑은 영혼의 세계를 지향하기 때문이다.

8. 에필로그

여섯 시인이 들려주는 깨어있음은 옴니버스처럼 서로 다른 이야기이다. 하지만, 그 속에는 그들을 묶는 하나의 이야기가 있다. 그래서 여섯 색깔이 하나의 색깔로 세상에 나타난다. 그것은 바로 시인 각자가 들려주는 삶의 추구이다. 이러한 색깔 때문에 '깨어있음의 시' 동인은 존재의 의미가 있다.

한편, '깨어있음의 시' 동인이 제주문학에서 중추적 역할을 하는 시인들로 구성된 동인이라는 점과 매년 꾸

준히 동인집을 출간하는 점에서 볼 때 제주문학의 차원에서 의미가 있다. 제주에서 문학 활동을 하는, 혹은 시작 활동을 하는 작가는 많다. 하지만, 꾸준한 창작 활동을 통해 제주를 넘어 한국문학의 큰 틀에 접근할 수 있는 작가는 그리 많지가 않다. 작가는 작품 활동에 전념할 때 아름답다. 그래서 '깨어있음의 시' 동인은 아름답다.

섬다워진다는 것

글쓴이 / 김광렬 외
펴낸이 / 孫貞順
펴낸곳 / 모아드림

1판 1쇄 / 2007년 3월 22일

서울 서대문구 북아현3동 1-1278
전화 / 365-8111~2
팩시밀리 / 365-8110
E-mail / morebook@morebook.co.kr
http://www.morebook.co.kr
등록번호 / 제2-2264호(1996.10.24)

ISBN 89-5664-101-3

값 6,000원